엄마와 함께 하루에 한 장씩!

竹, 대 죽

? 예 알맞은 스티커를 붙인 뒤 竹, 쑈을 알아보세요.

대나무 죽

竹, 풀

소리내어 읽기

빈 곳을 색칠하고 竹, 풀가 쓰인 이야기를 읽어 보세요.

대나무(竹) 숲에 오면 기분이 상쾌해져요.
하늘 높이 뻗은 기다란 대나무(竹)는
마음을 시원하게 해 주지요.

풀(艸)밭에 오면 달리고 싶어져요.
파릇파릇 새싹이 돋아난 풀(艸)밭은
몸을 튼튼하게 해 주지요.

풀	일	이름

엄마와 함께, 하루에 한 장씩 확인

기초한자 부수 떼기 6과정 ❷

★13쪽에 붙이세요.

★15쪽에 붙이세요.

★17쪽에 붙이세요.

★19쪽에 붙이세요.

★21쪽에 붙이세요.

★22쪽에 붙이세요.

★24쪽에 붙이세요.

艸 禾 虫 竹 豆 生 米 風 雨

기초한자 부수떼기 6과정 ③

★25쪽에 붙이세요.

笑 웃을 소
花 꽃 화
秋 가을 추

★27쪽에 붙이세요.

★29쪽에 붙이세요.

★30쪽에 붙이세요.

생 / 아 / 오이 / 바람 / 미

★31쪽에 붙이세요.

粉 가루 분
颱 태풍 태
雲 구름 운

★화인란에 붙이세요.

竹, 艸 자부수 익히기

① 에 알맞은 스티커를 붙이고, 한자의 뜻과 소리를 따라 쓰세요.

엄마와 함께 하루에 한 장씩!

| 월 | 일 | 이름 | 확인 |

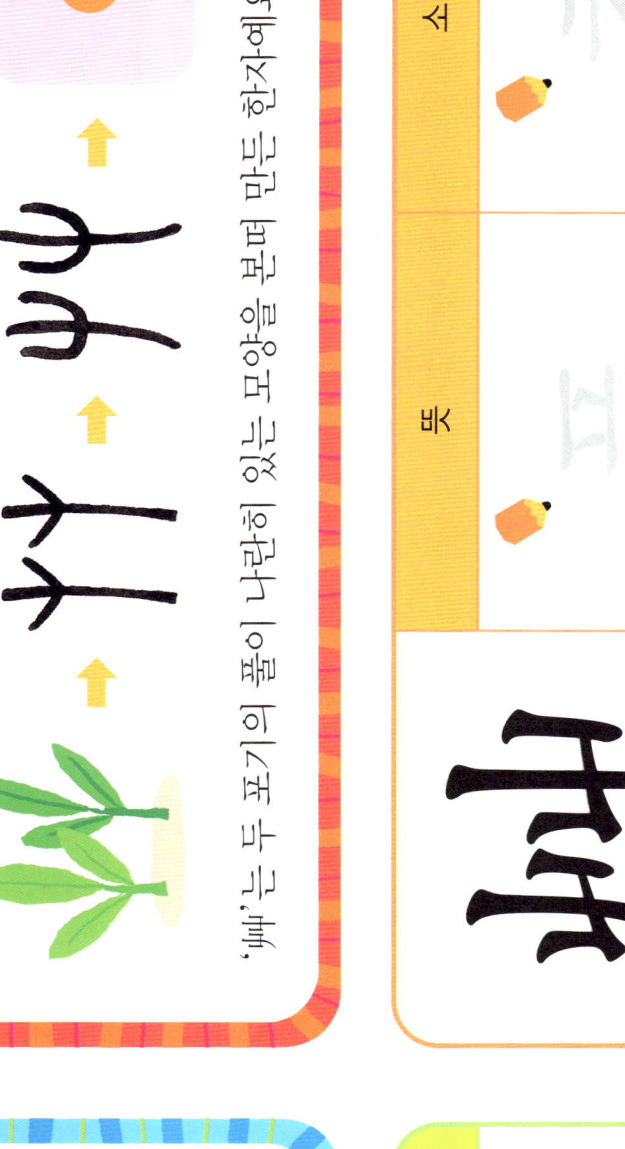

'艸'는 두 포기의 풀이 나란히 있는 모양을 본떠 만든 한자예요.

'竹'은 대나무 줄기와 아래로 늘어진 잎사귀 모양을 본떠 만든 한자예요.

| 뜻 | 소리 |
| 풀 | 초 |

| 뜻 | 소리 |
| 대나무 | 죽 |

竹, 𣲖를 순서대로 따라 쓰세요.

| 竹 대나무 죽 | ノ 亻 竹 竹 竹 竹 |

| 𣲖 풀 초 | ノ 亻 ナ 艹 𣲖 𣲖 |

엄마와 함께 하루에 한 장씩!

| 월 | 일 | 이름 | 확인 |

엄마와 함께 하루에 한 장씩

확인

월 일 이름

禾, 虫 한자 익히기

❓ 에 알맞은 스티커를 붙인 뒤 禾, 虫을 알아보세요.

엄마와 함께 하루에 한 장씩!

| 월 | 일 | 이름 | 확인 |

禾, 虫 자원한자

?에 알맞은 스티커를 붙이고, 한자의 뜻과 소리를 따라 쓰세요.

'虫'은 땅 위를 기어 다니는 작은 벌레의 모양을 본떠 만든 한자예요.

'禾'는 다 익어 고개를 숙이고 있는 벼의 이삭과 줄기 모양을 본떠 만든 한자예요.

뜻	소리
벌레	충

虫

'虫'은 모양을 본떠 만든 한자랍니다.

뜻	소리
벼	화

禾

7

末, 虫 따라쓰기

末, 虫을 순서대로 따라 쓰세요.

末 _{배 말}
一 二 十 才 末 末

虫 _{벌레 충}
丨 冂 口 中 虫 虫

월	일	이름	

엄마와 함께 하루에 한 장씩, 확인

엄마와 함께 하루에 한 장씩!

| 월 | 일 | 이름 | 확인 |

?에 알맞은 스티커를 붙인 뒤 豆, 瓜를 알아보세요.

오이 과

콩 두

豆, 瓜
콩, 오이과

무, 瓜 한자찾기

빈 곳을 색칠하고 묘, 瓜가 쓰인 이야기를 읽어 보세요.

참이가 반찬 투정을 해요.
"난 콩(묘) 싫어!"
"참이야, 힘이 세지고 싶다고 했지?
그러면 콩(묘)을 많이 먹어야 해."

동생 정아도 반찬 투정을 해요.
"난 오이(瓜) 싫어!"
"정아는 예뻐지고 싶다고 했지?
그럼 오이(瓜)를 많이 먹어야 한단다."

월	일	이름

엄마와 함께 하루에 한 장씩

확인

豆, 瓜 자석붙이기

?에 알맞은 스티커를 붙이고, 한자의 뜻과 소리를 따라 쓰세요.

월	일	이름	엄마와 함께 하루에 한 장씩! 확인

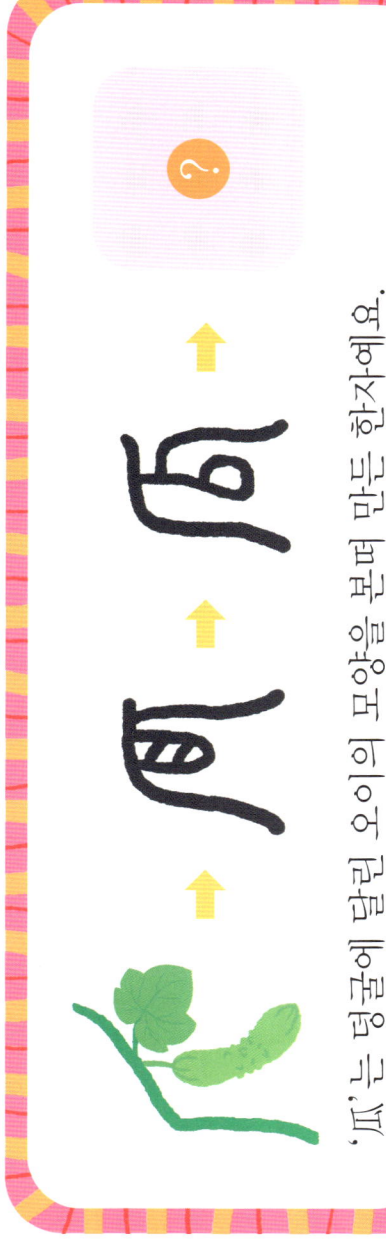

'瓜'는 덩굴에 달린 오이의 모양을 본떠 만든 한자예요.

瓜	뜻 오이	소리 과

'豆'는 원래 그릇 모양을 본떠 만든 한자인데, 지금은 '콩'을 뜻하게 되었어요.

豆	뜻 콩	소리 두

모, 瓜를 필순용기!

모, 瓜를 순서대로 따라 쓰세요.

모
목모

一 丁 尸 尸 冃 冃 另 另 모

瓜
오이 과

丿 丿 厂 爪 瓜 瓜

| 월 | 일 | 이름 |

엄마와 함께 하루에 한 장씩!

엄마와 함께 하루에 한 장씩

확인		
월	일 이름	

? 에 알맞은 스티커를 붙인 뒤 生, 米를 알아보세요.

쌀 미

쌀

쌀

쌀

쌀

날 생

生, 米
한자 악하기

生, 米 알아보기

빈 곳을 색칠하고 生, 米가 쓰인 이야기를 읽어 보세요.

동생이 태어났어요(生).
동생은 손도 작고, 발도 작아요.
동생이 태어난(生) 날, 모두 기뻐하며 축하해 주었어요.

엄마 젖만 먹던 동생이
이제 쌀(米)로 만든 죽을 먹어요.
쌀(米)로 만든 과자도 좋아해요.
동생은 보면 볼수록 귀여워요.

엄마와 함께 하루에 한 장씩

월   일   이름

확인

生, 米 자석 한자

엄마와 함께 하루에 한 장씩!

월	일	이름	확인

❓에 알맞은 스티커를 붙이고, 한자의 뜻과 소리를 따라 쓰세요.

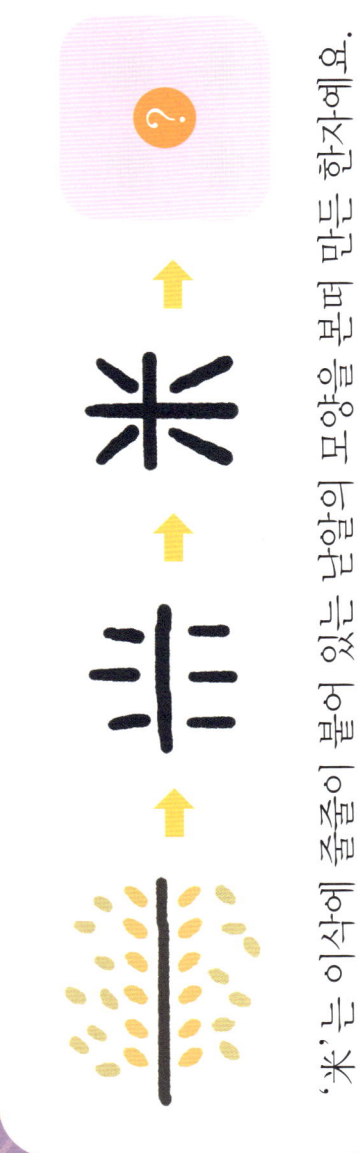

'米'는 이삭에 줄줄이 붙어 있는 낟알의 모양을 본떠 만든 한자예요.

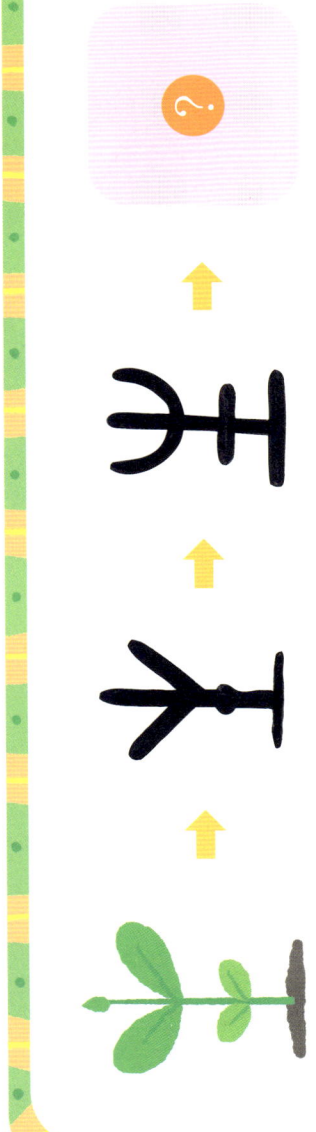

'生'은 새싹이 돋아나서 자라나는 모양을 본떠 만든 한자예요.

소리	뜻
미	쌀

米

소리	뜻
생	날

生

生은 '태어나다, 놀다' 이외에 '성장하다, 자라다, 생명' 등의 뜻이 있습니다.

生, 米 [따라쓰기]

生, 米를 순서대로 따라 쓰세요.

生 [날 생]

丿 𠂉 㐄 生 生

米 [쌀 미]

丶 䒑 斗 米 米

風, 雨 한자야놀자

? 에 알맞은 스티커를 붙인 뒤 風, 雨를 알아보세요.

엄마와 함께 하루에 한 장씩!

| 월 | 일 이름 | 확인 |

우비

바람 풍

風, 雨 이야기

빈 곳을 색칠하고 風, 雨가 쓰인 이야기를 읽어 보세요.

씽씽 씽씽 바람(風)이 불어요.
바람(風)에 내 치맛자락이 펄럭이네요.
씽씽 바람은 장난꾸러기예요.

톡톡 톡톡 비(雨)가 내려요.
노란 비옷 입고 빨간 장화 신고 밖으로 나가요.
비(雨)를 맞으며 첨벙첨벙 나게 놀아요.

風, 雨 자연현상

엄마와 함께 하루에 한 장씩!

월	일	이름	확인

?에 알맞은 스티커를 붙이고, 한자의 뜻과 소리를 따라 쓰세요.

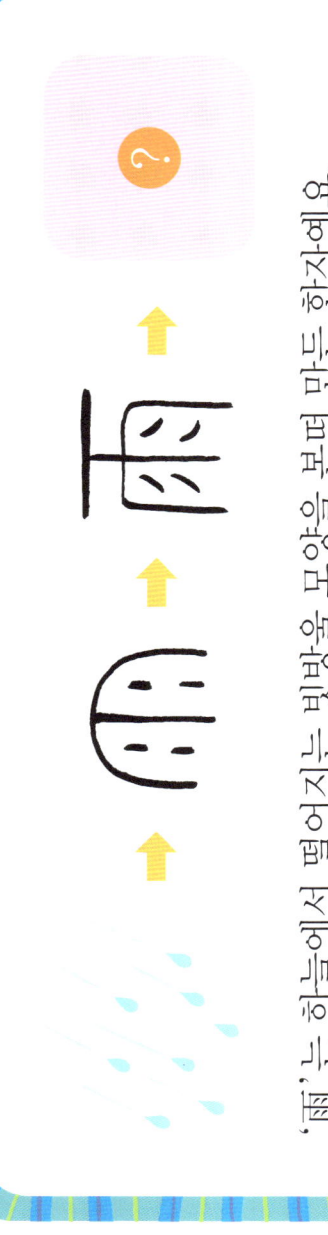

'雨'는 하늘에서 떨어지는 빗방울 모양을 본떠 만든 한자예요.

뜻	소리
비	우

雨

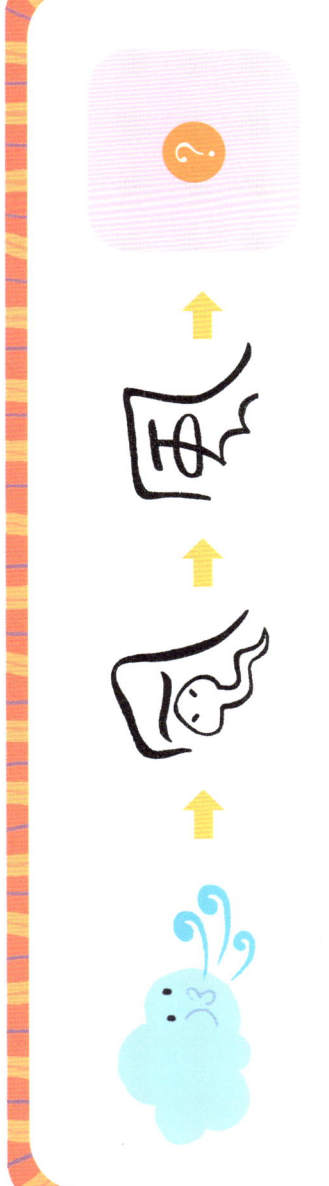

'風'은 凡(무릇 범)에 虫(벌레 충)을 합해 만들어진 한자로 바람을 뜻해요.

風은 벌레들이 움직이는 것처럼 공기가 널리 퍼져 움직인다는 데서 바람을 뜻하게 되었어요.

뜻	소리
바람	풍

風

風, 雨를 순서대로 따라 쓰세요.

風 바람 풍

丿 丿 几 凡 凡 風 風 風 風

雨 비 우

一 一 厂 厂 雨 雨 雨 雨

엄마와 함께 하루에 한 장씩

竹, 艸, 禾, 虫, 豆
다시보기

미술관에 전시된 그림과 관련 있는 한자 스티커를 ❓에 붙이세요.

엄마와 함께 하루에 한 장씩

확인		
월	일	이름

竹, 艹, 禾, 虫, 豆
다시 날기

로봇이 말하는 뜻, 소리에 맞는 한자를 찾아 스티커를 붙이세요.

艹 竹 虫 — 풀 초

豆 虫 艹 — 벌레 충

禾 竹 豆 — 콩 두

艹 虫 禾 — 벼 화

禾 竹 豆 虫 — 대나무 죽

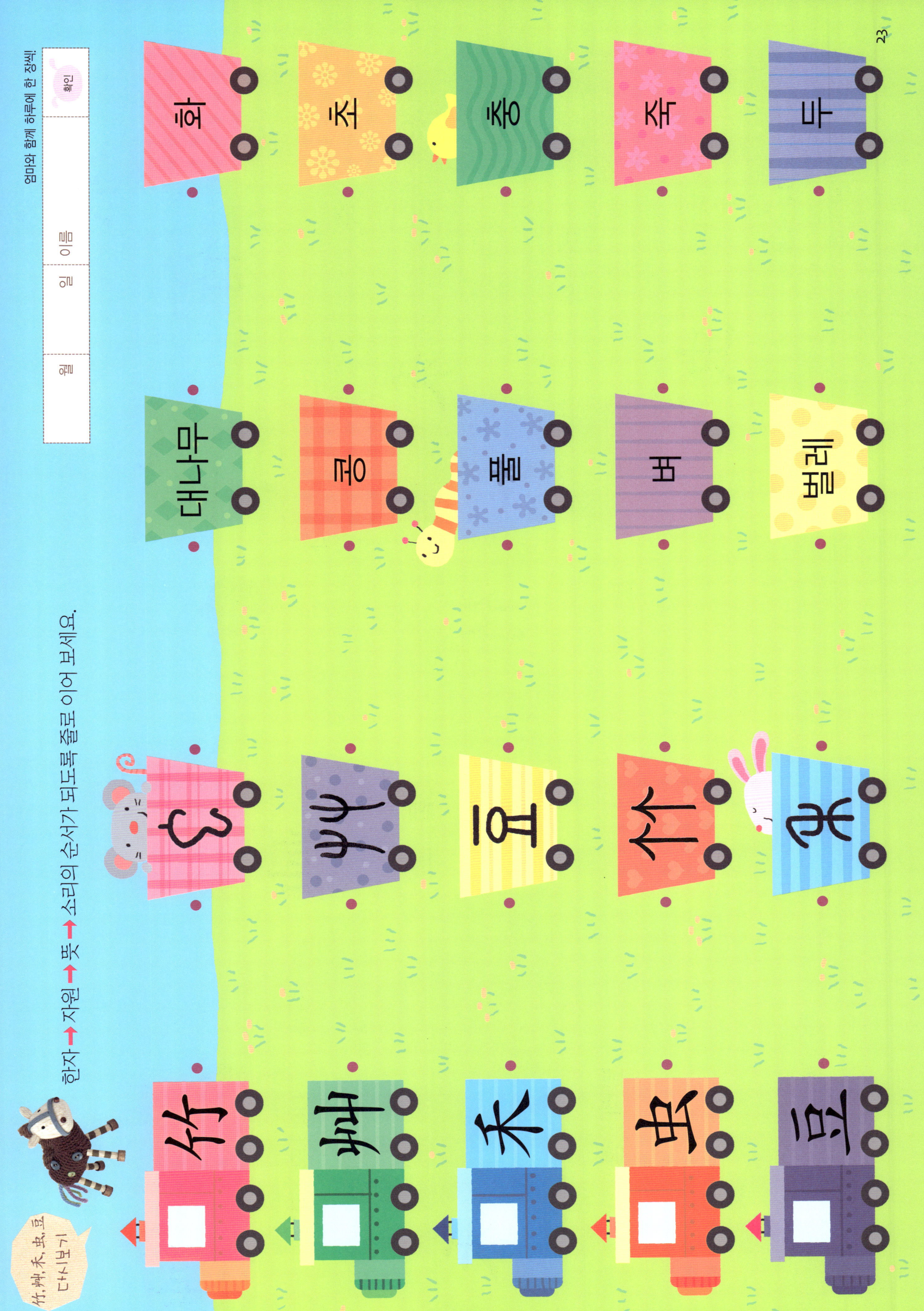

엄마와 함께 하루에 한 장씩!

| 월 | 일 | 이름 | 확인 |

한자가 친구를 만나 새로운 한자가 되었어요.
❓에 알맞은 스티커를 붙이고, 어떤 한자가 만들어졌는지 알아보세요.

禾(벼 화) + 火(불 화)

禾(벼 화)와 火(불 화)가 만나서 '가을'을 뜻하는 '秋(가을 추)'가 되었어요.

艸(풀 초) + 化(될 화)

艸(풀 초)와 化(될 화)가 만나서 '꽃'을 뜻하는 '花(꽃 화)'가 되었어요.

※ 艸는 다른 한자와 함께 쓰일 때 ⺾로 모양이 변합니다.

竹(대나무 죽) + 夭(어릴 요)

竹(대나무 죽)과 夭(어릴 요)가 만나서 '웃다'를 뜻하는 '笑(웃을 소)'가 되었어요.

한자 친구들을 만나 새로운 한자가 되었어요.
우리가 배운 한자를 찾아 순서대로 따라 쓰세요.

竹(대나무 죽)이 들어 있는 한자는
'대나무로 만들어진 물건'과 관련이 있어요.

筆 붓 필
竹 대 죽
笛 피리 적

虫(벌레 충)이 들어 있는 한자는
'곤충 등과 같은 작은 동물'과 관련이 있어요.

蜂 벌 봉
蚕 누에 잠
蟲 벌레 충

禾(벼 화)가 들어 있는 한자는
'곡물의 종류나 섭취' 등과 관련이 있어요.

種 씨 종
禾 벼 화
秀 빼어날 수

豆(콩 두)가 들어 있는 한자는
'콩 또는 그릇' 등과 관련이 있어요.

豊 풍성할 풍
豆 콩 두
豌 완두 완

엄마와 함께 하루에 한 장씩
이름 월 일
확인

월	일	이름	확인

엄마와 함께 하루에 한 장씩!

한자가 뜻하는 그림을 찾아 🌸 스티커를 붙이세요.

瓜, 生, 米, 風, 雨
다시보기

生 날 생

風 바람 풍

雨 비 우

米 쌀 미

瓜 오이 과

엄마와 함께 하루에 한 장씩!

| 월 | 일 이름 | 월 일 이름 | 월 일 | 확인 |

한자가 친구를 만나 새로운 한자가 되었어요.
? 에 알맞은 스티커를 붙이고, 어떤 한자가 만들어졌는지 알아보세요.

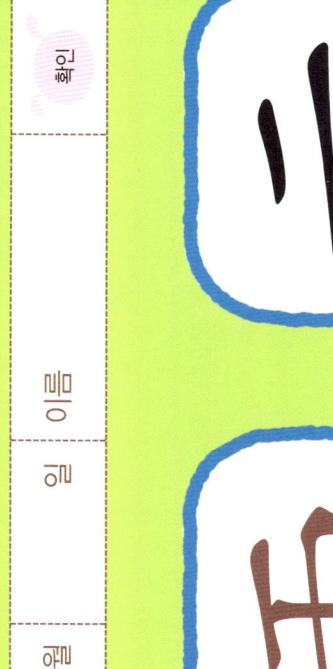 云 이름 운 + 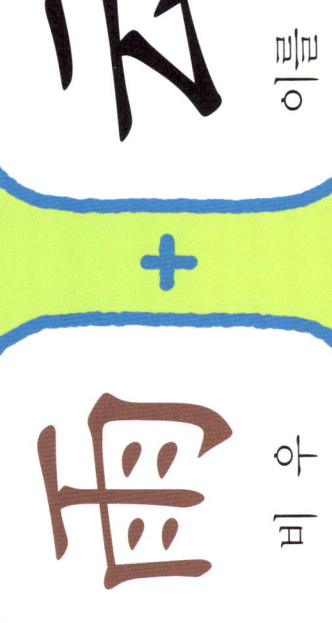 雨 비 우

雨(비 우)와 云(이름 운)이 만나서 '구름'을 뜻하는 '雲(구름 운)'이 되었어요.

台 별 태 + 風 바람 풍

風(바람 풍)과 台(별 태)가 만나서 '태풍'을 뜻하는 '颱(태풍 태)'가 되었어요.

 分 나눌 분 +  米 쌀 미

米(쌀 미)와 分(나눌 분)이 만나서 '가루'를 뜻하는 '粉(가루 분)'이 되었어요.

한자가 친구를 만나 새로운 한자가 되었어요.
우리가 배운 한자를 찾아 순서대로 따라 쓰세요.

生날 생
生(날 생)이 들어 있는 한자는
'생겨나거나 낳다, 살다, 생명' 등과
관련이 있어요.

產 낳을 산
甦 깨어날 소

風 바람 풍
風(바람 풍)이 들어 있는 한자는
'바람의 종류' 등과 관련이 있어요.

颯 바람 소리 삽
飇 회오리바람 표

雨 비 우
雨(비 우)가 들어 있는 한자는
'비와 관련된 날씨' 등과 관련이 있어요.

雪 눈 설
露 이슬 로

米 쌀 미
米(쌀 미)가 들어 있는 한자는
'쌀과 같은 곡식류' 등과 관련이 있어요.

粒 쌀알 립
糧 양식 량

확인

엄마와 함께 하루에 한 장씩!

월 일 이름

한자 쓰기

한자를 순서대로 따라 쓰세요.

| 瓜 오이 과 | 生 날 생 | 米 쌀 미 | 風 바람 풍 | 雨 비 우 |

| 竹 대나무 죽 | 草 풀 초 | 禾 벼 화 | 虫 벌레 충 | 豆 콩 두 |

엄마와 함께 보세요.

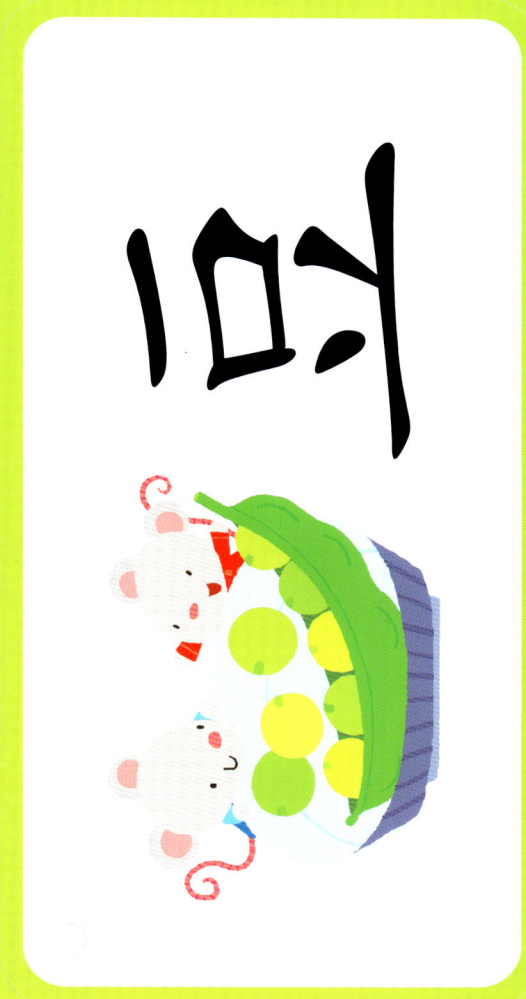

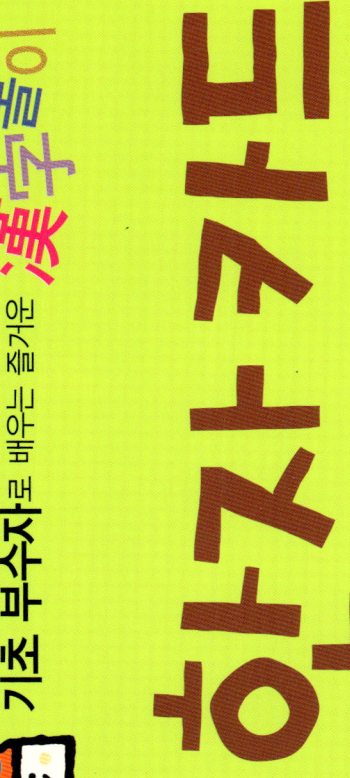

기초 부수자로 배우는 즐거운 漢字놀이
한자카드

뜻	소리
대나무	죽

뜻		소리	
벼		화	

뜻		소리	
콩		두	

뜻		소리	
풀		초	

뜻		소리	
벌레		충	

기초 부수자로 배우는 즐거운 漢字놀이

한자카드

기초 부수자로 배우는 즐거운 漢字놀이01

한자카드

瓜 米 雨

生

風

뜻	뜻	뜻
고기	쌀	비
소리	소리	소리
어	미	우

기초한자 부수떼기 6과정

뜻	뜻
날	바람
소리	소리
생	풍

기초한자 부수떼기 6과정

기초 부수자로 배우는 즐거운 漢字놀이

한자카드